AF243624

*L*A réunion des Amis des Noirs et des Colonies ayant remis au cit. Wadstrom une esquisse des règlemens d'après lesquels doivent se diriger les opérations futures de la société, en l'invitant d'y faire les additions qu'il jugerait nécessaires, il remet aujourd'hui son travail et demande qu'on le soumette à la discussion.

A r t.° Ier.

La Société des Amis des Noirs et des Colonies s'occupera :

1o. De l'abolition du commerce d'esclaves toutes les fois que l'occasion s'en présentera.

2o. Elle formera des plans pour encourager le travail, l'agriculture, les plantations, l'industrie et le commerce. Ces plans seront combinés d'après les principes de liberté et de justice qui demandent que tout individu trouve un bénéfice proportionné à son industrie, et au tems qu'il emploie au travail.

3o. D'un plan d'éducation qui puisse rendre les citoyens laborieux et utiles.

II.

Les Membres de la réunion s'assembleront le décadi, à 11 heures du matin. Ils pourront aussi s'assembler le quintidi.

I I I.

Le régulateur sera changé
toutes les décades. Chaque membre occupera cette fonction sui-
vant l'ordre de la liste des membres présens.

I V.

Les noms des candidats seront
affichés dans la salle de réunion
pendant deux décades avec indi-
cation du jour du scrutin.

V.

Si un membre voulant s'opposer
à l'admission d'un candidat ne
pouvait se trouver présent le jour
du scrutin , il lui sera permis
d'instruire le régulateur par écrit
de son vote négatif, et dans ce
cas l'admission n'aura point lieu.
Un candidat qui aura été rejetté
ne pourra se représenté de nou-
veau, qu'au bout de six mois.

V I.

Un Membre de la réunion
sera chargé de tenir la plume
quand il en sera besoin , de
veiller à la conservation des pa-
piers, régistres, etc. , de faire
la recette , de diriger l'emploi

des fonds. Ce membre sera re-
nouvellé tous les trois mois.

VII.

Lé premier de chaque mois il
présentera ses comptes, qui seront ensuite déposés dans un
lieu où chaque membre pourra
en prendre connaissance toutes
les fois qu'il jugera à propos.

VIII.

Les admissions et autres objets relatifs au réglement ne
pourront se traiter que dans les
conventions générales , et elles
y auront la priorité.

IX.

Les contributions des membres de la Société seront de deux
espéces :

1o. Les contributions ordinaires
qui seront réglées et payées le
premier de chaque mois, ne pourront étre moïdres de 60 centi-
mes, ni excéder 5 fr. par mois.

2o. Les contributions volon-
taires se feront d'aprés les fa-
cultés et la bonne volonté de
chaque individu. A cet effet on
placera dans le lieu des séances
un tronc où on pourra mettre

(4)

en particulier ce qu'on jugera à
propos.

Chaque Membre donnera en
outre à la société un ouvrage,
ou livre quelconque sur un objet
utile au genre humain. La bi-
bibliothèque qui sera formée par
la réunion de ces différents ou-
vrages , sera perpétuellement
destinée à l'utilité publique.

X.

Le noms des Membres sera
rendu public et imprimé dans
l'almanach national.

XI.

Les personnes qui ne se seront
pas présentées dans la première
ou la seconde séance qui suivra
leur réception, et qui n'auront
pas payé leurs contributions,
seront présumées ne vouloir plus
être membres et seront rem-
placées.

Il en sera de même des membres qui s'abstiendront de trois
séances consécutives sans ap-
porter des raisons de la validité
desquelles la société jugera.

XII.

Un membre a le droit de

mener avec lui deux étrangers qui ne pourront discuter à moins que la société ne leur en donne la faculté.

XIII.

Le zèle des femmes pour tout ce qui concerne l'humanité, l'intérêt quelles ont en général montré pour l'abolition de la traite des nègres, leur influence sur l'autre sexe, demandent qu'elles soient admises aux séances.

Le mode d'exécution sera le même que celui désigné par l'article XII.

XIV.

Tout membre d'autre société, de même nature que celle de la réunion, sera reçu comme visiteur, et ne paiera aucune contribution. Il sera tenu de justifier qu'il est membre de cette société.

XV.

Il y aura 4 régistres.

1º. Celui des procès-verbaux.

2º. Celui de correspondance.

3º. Celui du trésorier.

4º. Celui où seront consignés les noms des membres présens aux séances.

Ces régistres seront visés et si-
gnés du régulateur, et du membre, qui aura tenu la plume
pendant les derniers trois mois.

X V I.

La Société, lorsqu'elle le jugera
nécessaire, nommera des comités
pour faire des rapports sur diffé-
rens objets.

X V I I.

La Société, lorsqu'elle le jugera
à propos, fera paraître, par la
voie de l'impression les mémoires
qu'elle croira utiles.

X V I I I.

La Société correspondera avec
les Sociétés du même genre, déjà
établies ; elle leur communiquera
ses travaux, et invoquera leurs
lumières. Elle cherchera aussi à
établir ailleurs des Sociétés fon-
dées sur les mêmes principes, et
ayant le même but.

I X.

On ne pourra faire de change-
ment au réglement, que sur une
motion appuyée de deux membres, et après avoir entendu le
rapport d'une commission nom-
mée *ad-hoc*.

Rapport lu en la tenue plénière des LL.˙. Ecoss.˙. à l'Or.˙. de Paris, sous la direction du Vén.˙. et des Off.˙. de la R.˙. L.˙. **Les Amis Inséparables,** *le Mercredi 9 Avril 1884, E.˙. V.˙.*

DE LA PROTECTION DES INDIGÈNES

DES COLONIES

La France est restée bénie entre toutes les nations pour avoir ouvert l'ère de la Révolution, en appelant à l'universelle communion civile tous les hommes sans distinction de naissance, de race ni de culte.

Et la F.˙. M.˙. a la gloire immortelle d'avoir été l'initiatrice de cette Déclaration des Droits de l'homme et du citoyen qui est la Table de la Loi du monde moderne, d'avoir fait rayonner sur la France et, par la France, sur tous les peuples, le divin triangle : *Liberté, Egalité, Fraternité.*

Malheureusement, au mépris des grands principes de 1789 et malgré le décret qui, au lendemain de février 1848, abolit l'esclavage, l'inégalité subsiste dans plusieurs colonies françaises. Parias politiques, les indigènes deviennent fatalement des parias sociaux. Sans voix pour exprimer leurs doléances, ils sont forcément exploités. Quoique le colon français, en raison du caractère sympathique de notre nation, soit peut-être le plus humain des colons, toutefois il ne saurait se dépouiller d'une certaine âpreté qui est une nécessité de position et une condition de succès dans cette terrible lutte pour l'existence loin de la mère-patrie. D'ailleurs, il n'est rien de plus insupportable que la domination d'une race sur une autre race.

La F.˙. M.˙. a entendu les cris de douleur des populations indigènes des colonies. Et une *Société française pour la protection des indigènes des colonies* est née dans le monde profane aussitôt que conçue dans la R.˙. L.˙. Ecos.˙. *Le Libre Examen.*

En janvier 1881, de la R.˙. L.˙. *Le Libre Examen* partait, à l'adresse de nos FF.˙. sénateurs et députés, un Appel en faveur des Musulmans d'Algérie, où il était dit :

« Depuis que l'Algérie est devenue terre française, la F.˙. M.˙. n'a cessé de s'intéresser activement à l'amélioration des races indigènes, dont les conditions traditionnelles d'existence se trouvaient si profondément modifiées par le fait de la conquête. En ce qui concerne les Israélites, les efforts persévérants de notre grande Fam.˙. ont été couronnés de succès : depuis dix ans déjà, les 34,000 Juifs d'Algérie jouissent des droits civils et politiques au même titre que les 156,000 Français établis dans le pays. Mais, à côté de ces 190,000 hommes libres, végètent 2,400,000 musulmans, véritables parias politiques en faveur desquels la F.˙. M.˙. n'a pu obtenir jusqu'ici que des garanties illusoires.

« Il y a quelques mois, nous pouvions encore espérer qu'avec le remplacement du dernier gouverneur militaire par un gouverneur de l'ordre civil, une évolution s'opérerait dans la politique des fonctionnaires de la République à l'égard des indigènes. Les systèmes basés sur l'exploitation à outrance des populations musulmanes allaient, pensions-nous, prendre fin. Douloureuse surprise ! Le gouverneur civil de l'Algérie, bien loin de s'inspirer de nos vœux humanitaires, a préféré écouter des conseils perfides dictés par les préjugés de race et par cet esprit de convoitise ardente qui, au besoin, ne reculerait pas devant le refoulement et l'extermination de tout un peuple. Bientôt, non content de l'arsenal de mesures rigoureuses que lui léguait le régime militaire, il n'a pas craint de venir présenter au Parlement de nouvelles lois de défiance et d'exception, dont le but avoué n'est rien moins que la consécration du plus pur arbitraire. — A la nouvelle d'un tel attentat aux droits de l'homme, nous avons poussé le cri d'alarme. »

Ce fut là le point de départ pour la fondation de notre Société protectrice.

Dans la séance préparatoire (23 juillet 1881), notre F.·. Le Blanc s'élevait avec force contre la position anormale faite à des indigènes qui, *légalement* distincts de la population européenne, sont qualifiés *sujets* français et placés ainsi dans un état d'abaissement systématique qui aboutit à en faire des ilotes.

« J'estime, disait-il, que si « nulle terre française ne saurait porter d'esclaves », ainsi que l'a proclamé, en 1848, le décret d'abolition de l'esclavage, nulle terre française ne saurait non plus plus porter deux catégories de Français : de citoyens et de sujets. »

Et il signalait l'énormité d'un régime qui consiste à entretenir volontairement l'infériorité des indigènes, à les gouverner par l'arbitraire, à ne point s'inquiéter de leur instruction, à les accabler d'impôts dont ils ne sont nullement appelés à vérifier l'emploi et dont presque aucune part ne leur revient, à leur enlever les terres dont ils vivent pour les donner à des Européens, à les soumettre à la responsabilité collective, à les faire juger par des colons français, leurs antagonistes de chaque jour, ignorant leur langue et leurs mœurs, à permettre qu'ils soient insultés et maltraités par tout individu vêtu à l'européenne et à laisser prêcher impunément la haine de race et l'extermination des vaincus. »

Puis notre F.·. H. de Lamothe, se reportant aux principes et aux actes de la grande Constituante et de la Convention rappelait « le rôle de la métropole, lequel consiste à protéger les colonies comme des enfants, qui, durant leur croissance, ont besoin de soins maternels ; à veiller, à ce qu'en échange de cette protection, elles vivent dans une union politique intime avec la mère-patrie, partageant ses gloires et ses périls, sentinelles avancées de sa langue et de sa civilisation ; à s'assurer enfin, tout en respectant leur autonomie, qu'aucun individu, ni classe d'individus n'y soient dépouillés des garanties énoncées dans la Déclaration des droits de l'homme ».

L'appel qui, au nom de l'humanité et sans préoccupation de partis, fut adressé à tous les cœurs généreux, a été entendu. Des hommes de bonne volonté, venus des deux pôles de la politique, se trouvèrent instantanément unis pour la défense d'une cause juste et civilisatrice, sous la présidence de notre F.·. Schœlcher, dont le nom demeure glorieusement attaché à l'émancipation des noirs.

Quelques personnes se sont, tout d'abord, étonnées que la Société ait adopté un titre qui semble impliquer que des êtres humains aient besoin d'être protégés comme les animaux que la loi Grammont a pris sous sa sauvegarde. Or, il y a des journaux, le *Moniteur de l'Algérie*, par exemple, qui, réclamant « la classification des Bédouins parmi les animaux nuisibles et qui doivent être détruits », écrivaient : « Ce bipède néfaste est un composé de cinq espèces d'animaux des plus malfaisants. Tenant à la fois, par les caractères extérieurs, du chacal, du singe et du bouc, à moitié tigre et à moitié hyène, il a pour instincts prédominants la duplicité, la bassesse, la lubricité, la lâcheté et la cruauté. »

La Société protectrice est grandement redevable à nos FF∴ journalistes, qui ont mis le plus louable empressement à en soutenir et propager les principes. Parmi les articles qui ont produit quelque émotion en Algérie, nous nous plaisons à rappeler celui d'un journal qui paraissait sous la direction de notre F∴ Floquet et où il était dit : « Il n'est pas admissible qu'on puisse songer à faire de l'Algérie une nouvelle Irlande avec des landlords ou des fermiers généraux. Le régime civil n'est pas l'arbitraire en habit noir, mais la consciencieuse application du droit commun. Dans une démocratie comme la nôtre, on ne peut tolérer que trois millions de contribuables qui, depuis 50 ans, payent l'impôt et versent leur sang pour la France, soient privés de tout moyen de contrôle des dépenses publiques, tandis que les immigrants, qui ne paient que des taxes municipales dont ils profitent seuls, ont le droit de répartir le budget au moyen des conseils électifs dont les indigènes sont exclus. Pour ceux-ci, l'insurrection est l'unique moyen de manifester leur mécontentement. Les expropriés, pour cause d'utilité privée, attendent, pendant dix ans, le règlement que la loi leur accorde. Ce régime de bon plaisir et d'exception n'est plus de notre époque. Pas de devoirs sans droits : telle est la devise républicaine.

« Le régime censitaire, en Algérie, produit les mêmes résultats qu'en France. Sous Louis-Philippe, la nation était sacrifiée à une minorité qui créait des monopoles industriels et jetait les bases d'une féodalité financière contre laquelle nous avons beaucoup de peine à lutter aujourd'hui. C'est ce que l'on a fait en Afrique en concédant des forêts, des chutes d'eau, etc... Sur le territoire de la nation qui a proclamé les droits de l'homme, il ne peut exister d'îlotes ni de parias. Ceux qui oseraient le soutenir placeraient la France au-dessous de la Grèce, qui vient d'accorder aux musulmans de Thessalie les mêmes droits politiques qu'aux chrétiens. Les égoïstes, qui tiendraient un pareil langage, ne comprendraient pas l'intérêt national que nous avons au point de vue de notre expansion africaine, à nous réconcilier franchement avec les Algériens, si intelligents, si braves, si dévoués à ceux qui les comprennent et dont nous pouvons faire de précieux collaborateurs pour notre œuvre civilisatrice. Nous donnerons ainsi un éclatant démenti à ceux qui essaient de soulever contre nous tout le monde musulman... »

Quelques mois avant la constitution de la Société de protection des indigènes, la Chambre et le Sénat avaient voté, presque sans discussion, une loi exorbitante, qui livrait les indigènes algériens au pouvoir disciplinaire d'administrateurs civils, dont, à la honte de la civilisation, elle faisait de véritables pachas. Non seulement, depuis la constitution de la Société, un pareil trait d'indifférence ne serait plus possible ; mais il n'est pas douteux que l'opinion publique, émue des réclamations de la Société, imposera le retrait d'une décision qui n'a pu être arrachée à un Parlement [que parce qu'il n'était pas suffisamment au courant de la question.

En attendant que les indigènes puissent tous, par une réprésentation légale, manifester leurs souffrances, leurs besoins et leurs vœux, la Société, qui s'est donné la mission de les protéger, s'est fait l'écho fidèle de leurs plaintes et de leurs revendications. Le premier résultat fut que bien des abus se trouvèrent instantanément contenus par la crainte d'être signalés à l'opinion publique et punis. Soucieux, avant tout, de l'amélioration effective du sort de ses protégés, la Société a fait le plus de bien possible sans bruit. Elle n'en a pas moins efficacement contribué au rejet du projet de loi des cinquante millions que l'on demandait au trésor de la métropole pour exproprier les indigènes algériens de leurs meilleures terres au profit de nouveaux venus : ce qui eût eu pour immanquable effet d'engendrer de nouvelles insurrections par la désespérance. Elle a lieu de penser qu'elle réussira également à obtenir le rejet de cet autre projet inique, d'après lequel les tribus seraient, pour des actes purement individuels, soumises à une responsabilité collective. Elle a demandé que les musulmans ne fussent plus déférés à la décision exclusive de jurés non musulmans. Elle a foi que, dans un délai prochain, ses efforts pour une représentation des indigènes algériens, seront couronnés de succès. Il n'y ont certes pas moins de droit que les musulmans de l'Inde, les nègres du Sénégal et de la Martinique.

Le Musulman algérien, l'Annamite, l'immigrant indien à la Réunion et aux Antilles (esclave déguisé), le Canaque que l'on chasse comme une bête fauve, tous les indigènes des colonies, ont d'autant plus besoin de protection qu'ils ont moins de droits légaux. La Maç.'., voyant en eux des frères, doit appeler l'attention sur leur situation politique et sociale. Les indigènes des colonies peuvent être une force pour la patrie, si nous savons nous les concilier, leur faire aimer la France. Jusqu'à présent, on s'est plu à attiser leurs colères et à entretenir leurs rancunes. Il faut reconnaître qu'ils ont des droits, que nous avons des devoirs envers eux.

La F.'. M.'., sous les auspices de qui est née la Société de protection pour les indigènes des colonies, se doit à elle-même d'encourager son développement. Nous avons foi que le nombre de nos LL.'. et de nos FF.'. adhérents sera de plus en plus considérable, d'autant plus que, selon la parole de nos FF.'. promoteurs, il s'agit d'une œuvre qui est éminemment patriotique en même temps qu'humanitaire.

ARMAND LÉVY.

Paris, imp. V. Zabieha, 9, rue Nicolas-Flamel